Pat Precin

Relação entre Mentalização e Doença Psicossomática

Pat Precin

Relação entre Mentalização e Doença Psicossomática

ScienciaScripts

Imprint

Cover image: www.ingimage.com

This book is a translation from the original published under ISBN 978-3-659-83490-5.

Publisher:
Sciencia Scripts
is a trademark of
Dodo Books Indian Ocean Ltd. and OmniScriptum S.R.L publishing group

120 High Road, East Finchley, London, N2 9ED, United Kingdom
Str. Armeneasca 28/1, office 1, Chisinau MD-2012, Republic of Moldova, Europe
Printed at: see last page
ISBN: 978-620-8-21937-6

CAPÍTULO 1 **INTRODUÇÃO**

Explicação do tema

A teoria psicanalítica atual, baseada principalmente em estudos de caso e construções teóricas, documentou uma relação negativa entre a doença psicossomática e a mentalização, afirmando que a mente deve desenvolver-se suficientemente para reconhecer e processar os sinais do corpo (Gubb, 2013). De acordo com a teoria, se a mente não se desenvolver o suficiente para produzir mentalização, podem surgir sintomas psicossomáticos (Green, 2010). Este conceito psicanalítico unidirecional ignora o efeito dos sentimentos e pensamentos sobre o corpo. Uma capacidade de mentalização forte e bem desenvolvida pode também produzir pensamentos e sentimentos negativos fortes e persistentes que conduzem a doenças psicossomáticas.

Para além dos psicanalistas, os investigadores e os clínicos de muitas profissões da área da saúde também estão constantemente a tentar compreender a saúde e a ideia (tal como descrita abaixo) de que as doenças psicossomáticas podem ser reguladas através do uso da imaginação do doente (a capacidade de imaginar algo sem o fazer na realidade). (Mentalização e imaginação não são exatamente a mesma coisa, mas para este estudo são utilizadas indistintamente, uma vez que partilham muitas caraterísticas. Para ser capaz de imaginar situações, pensamentos ou sentimentos, a mentalização deve estar presente. No entanto, as diferenças subtis entre os dois termos são importantes e podem ajudar as disciplinas da psicanálise e das ciências da saúde a compreender melhor as teorias umas das outras, mas isso é assunto para outro artigo).

Muitos testes avaliam a capacidade de imaginar e o grau de doença psicossomática. Uma vez normalizados estes testes, foram efectuados muitos estudos de imagem. A imaginação tem sido utilizada para controlar a dor e o stress e para tratar doentes com cancro e diabetes (Seigel, 1986). Crianças com cancro em fase terminal, por exemplo, melhoraram a sua condição depois de imaginarem que pequenos monstros estavam a comer as suas células cancerígenas (Seigel, 1986). Também tem sido utilizada na reabilitação de doentes com AVC, com resultados positivos (Jackson, Lafleur, Malouin, Richards, & Doyon, 2001; Page, Levine, Sisto, & Jones, 2001). A imagiologia tem-se revelado mais útil nalguns destes doentes do que noutros. Uma vez que a imagiologia parece funcionar melhor na regulação da doença em alguns doentes

A ideia de que a capacidade de visualização é um traço de personalidade e de que algumas pessoas têm uma melhor capacidade de visualização do que outras surgiu nas ciências da saúde.

Com base na sua experiência clínica e na investigação bibliográfica, a autora chegou à conclusão de que as pessoas que têm uma forte capacidade de imaginação utilizam essa capacidade inconscientemente de diferentes formas. Algumas pessoas conseguem imaginar imagens poderosas de pensamentos e sentimentos saudáveis e felizes, enquanto outras conseguem visualizar pensamentos, sentimentos e crenças negativos. Este autor acredita que as pessoas com uma forte capacidade de imaginar coisas agradáveis são mais saudáveis, enquanto as que imaginam coisas negativas podem causar danos físicos a si próprias. As pessoas que não têm a capacidade de imaginar são menos capazes de curar ou prejudicar o seu corpo, segundo o autor. Os resultados clínicos psicanalíticos que mostram uma correlação negativa entre a força da mentalização e a saúde (Aisenstein, 2008; Fischbein, 2011; Green, 2010; Smadja, 2010, 2011) podem, portanto, estar apenas a olhar para a mentalização de uma forma saudável. Este autor argumenta que uma capacidade bem desenvolvida de mentalizar/imaginar também pode ser usada inconscientemente de forma negativa, ou seja, para gerar pensamentos e sentimentos negativos que podem causar doenças psicossomáticas ao longo do tempo. Se uma pessoa com uma forte capacidade de mentalização usa a mentalização de forma negativa, pode ser treinada para usar a sua capacidade de forma positiva e assim curar o seu corpo de doenças psicossomáticas. As pessoas com uma fraca capacidade de imaginar ou com uma incapacidade de mentalizar podem ter dificuldade em melhorar a sua condição física através do treino.

O primeiro objetivo do presente estudo foi testar a hipótese de que a capacidade de visualização está positivamente correlacionada com um elevado nível de doença psicossomática. O segundo objetivo deste estudo foi investigar se existe uma diferença significativa na capacidade de visualização e no grau de doença psicossomática entre sujeitos de grupos de três profissões diferentes: Estudantes do primeiro ano de terapia ocupacional (OT), estudantes do último ano de OT e estudantes do primeiro ano de fisioterapia (PT).

Estas profissões foram selecionadas para comparação pelas seguintes razões. Os estudantes de Terapia Ocupacional e de Terapia Pós-Ocupacional têm semelhanças, mas também podem ter diferenças. Ambos são estudantes de cuidados de saúde interessados em ajudar as pessoas, mas o campo da terapia ocupacional é muito mais holístico e abrangente, enquanto a PT se concentra muito numa lesão específica. Por exemplo, ao tratar uma pessoa com uma perna partida, o PT trabalharia no treino da marcha, enquanto o OT consideraria o impacto psicossocial da lesão no papel e nos objectivos da pessoa, procuraria fortalecer o antebraço para que a pessoa pudesse usar as muletas de forma mais eficaz, realizaria uma visita domiciliária para ver como a pessoa pode funcionar em casa, etc. A diferença entre estas duas áreas talvez diga algo sobre o tipo de estudante que as pratica. Os estudantes de fisioterapia tendem a ter uma orientação mais científica e a centrar-se nos problemas, ao passo que os estudantes de OT tendem a ter uma visão mais geral, ampla e inclusiva das suas vidas. Para além disso, a taxa de doença entre os estudantes de TO nesta escola era muito mais elevada do que entre os estudantes de PT. Os estudantes de terapia ocupacional utilizam frequentemente imagens visuais no tratamento. São encorajados a utilizar a ligação mente-corpo para si próprios e para os seus pacientes, enquanto os estudantes de PT são encorajados a concentrarem-se mais no corpo e não na mente. Os estudantes de Terapia Ocupacional e os estudantes de Terapia da Terra frequentam muitos cursos em conjunto nos seus primeiros anos, mas os seus últimos anos são completamente diferentes, reflectindo as diferenças acima mencionadas.

O investigador colocou a hipótese de os estudantes de TO (em ambos os anos de estudo) obterem uma pontuação significativamente mais elevada do que a norma e do que o outro grupo de estudantes na capacidade de formar uma imagem e nas doenças psicossomáticas. A hipótese era a de que os estudantes de TP teriam uma pontuação significativamente mais baixa do que a norma e do que os outros grupos na capacidade de formar uma imagem e significativamente mais baixa nas doenças psicossomáticas.

Definições

As doenças psicossomáticas são condições sintomáticas causadas por processos psicológicos. Gubb (2013) deu uma definição de doença psicossomática como defendida pelos teóricos da abordagem psicossomática: uma doença causada por sentimentos inacessíveis, não expressos ou negados. Existem diferentes pontos de vista na literatura psicanalítica

quais as doenças que podem ser consideradas psicossomáticas. Alexander (1950) identificou sete diagnósticos diferentes que considerou serem psicossomáticos: Úlceras, asma, colite, doença de Grave, enterite, artrite reumatoide e hipertensão. No entanto, Smadja (2010, 2011) e Aisenstein (2008) vão ao ponto de incluir o cancro e as doenças auto-imunes que podem levar à morte. Alguns acreditam que todas as doenças e sintomas são psicossomáticos (Seigel, 1986).

A mentalização foi definida pela primeira vez por Marty (1968), que explicou que é a capacidade da mente para reconhecer, interpretar e responder às exigências do corpo. Uma falta de mentalização seria, portanto, uma falta de processamento e representação mental (ou seja, uma função mental prejudicada). A definição de mentalização de Marty remonta à convicção de Freud (1915) de que existem pensamentos entre as necessidades instintivas do corpo e as acções para satisfazer essas necessidades. Segundo Freud, esta *ligação* (linkage) é uma parte essencial da capacidade de realizar processos de pensamento secundários que permitem que os processos corporais adquiram significado. Esta definição também incorporou o princípio económico de Freud (1915), segundo o qual o corpo tem muitas necessidades que, se não forem satisfeitas pela mente, aumentam em intensidade e quantidade até serem satisfeitas ou descarregadas. A pulsão é uma representação psíquica da excitação somática persistente. A pulsão exige a libertação da tensão através de um objeto externo (Aisenstein, 2010, Sechaud, 2010). Uma pessoa com uma capacidade de mentalização subdesenvolvida pode, portanto, ter acesso à excitação física porque não consegue convertê-la numa pulsão, resultando numa falta de transcrição mental, de modo que a excitação está ligada a órgãos corporais (Gubb, 2013).

Os teóricos da vinculação psicossomática têm uma definição semelhante: a mentalização é o mecanismo pelo qual a mente é capaz de transformar e conter processos somáticos (Gubb, 2013). No entanto, eles acreditam que a origem da mentalização está relacionada ao apego precoce. Se o objeto primário significativo acalmar e tranquilizar o bebé e refletir adequadamente os seus afectos, o bebé acabará por desenvolver a capacidade de se acalmar e regular as suas próprias emoções, desenvolvendo uma ligação entre o seu próprio corpo e a sua mente (ou seja, a
desenvolvimento da mentalização). No entanto, se o prestador de cuidados primários utilizar técnicas inadequadas de espelhamento e de tranquilização, a criança não pode desenvolver a capacidade de mentalização.

Os pacientes com falta de capacidade de mentalização são descritos como tendo uma mente vazia (Marty, 1968), sem fantasias, pensando operacionalmente, agindo em vez de pensar e tendo dificuldade em relacionar-se com os objectos (Marty & de M'Urzan, 1994). Segundo a Escola de Psicossomática de Paris, um paciente com uma capacidade de mentalização subdesenvolvida apresenta-se como faccioso, sem afeto simultâneo, sem metáfora e simbolização, com dificuldades na associação livre, sem motivação e desejo, e com dificuldades em processar situações traumáticas. Sechaud (2010) acrescenta que estes doentes têm dificuldade em estabelecer ligações entre a mente e o corpo. Krystal (1997) referiu que os doentes alixitímicos têm uma fraca capacidade de mentalização.

A imagética é um processo complexo que ainda não é totalmente compreendido. Muitas disciplinas psicológicas diferentes tentaram definir a imagética, sendo que cada definição é única. Neste estudo, imagética ou imagética mental refere-se a "todas as experiências quase-sensoriais ou quase-perceptivas de que temos consciência e que existem para nós na ausência das condições de estímulo que se sabe produzirem as suas verdadeiras contrapartidas sensoriais ou perceptivas" (Richardson, 1969, p. 23). Esta definição ampla inclui a maioria dos componentes da mentalização, como sonhar acordado e imaginar que se está a fazer um exercício de ginástica.

Os estudantes de terapia ocupacional e de fisioterapia são estudantes inscritos num curso de terapia ocupacional ou de fisioterapia numa universidade. Após a conclusão do respetivo curso e a aprovação num exame, os terapeutas ocupacionais e os fisioterapeutas são terapeutas ocupacionais e fisioterapeutas licenciados, registados e empregáveis, respetivamente.

CAPÍTULO 2 **INVESTIGAÇÃO BIBLIOGRÁFICA**

Revisão da literatura

A revisão da literatura começa com a literatura sobre a relação entre a doença psicossomática e a mentalização no campo da psicanálise, seguida de uma discussão sobre a doença psicossomática noutras áreas de estudo. Para além disso, existe literatura específica sobre imagiologia que é relevante para este estudo e que precisa de ser revista. Estes tópicos incluem: hemisfério direito, escolha profissional, diferenças de género, desejabilidade social e resposta a testes, conteúdo instrucional, cultura do sujeito e hipnose, todos de outras áreas que não a psicanálise.

Literatura psicanalítica

Nos últimos 20 anos, não se escreveu muito na literatura psicanalítica sobre o tema da psicossomática. Nos últimos três anos, no entanto, o interesse pela psicossomática e o número de publicações sobre ela aumentaram. Como Gibb (2013) aponta, vários volumes de periódicos recentes foram dedicados à psicossomática: a edição especial de 2010 da *Psychoanalytic Inquiry* e a edição de 2008 do *Journal of the American Academy of Psychoanalysis and Dynamic Psychiatry*; Aisenstein e Aisemberg publicaram um livro em 2010 intitulado *Psychosomatics Today: A Psychoanalytic Perspective*; e três artigos foram publicados na edição de fevereiro de 2011 do *International Journal of Psychoanalysis*. O primeiro número do 100º ano *da Psychoanalytic Review* foi dedicado ao tema da psicossomática.

Atualmente, parecem existir duas grandes escolas de pensamento no campo da psicanálise. Uma é a escola de psicossomática de Paris e a outra é a abordagem do apego, que Gubb (2013) chama de última. Gubb apresentou recentemente um resumo abrangente das semelhanças e diferenças entre as duas escolas em relação ao início, desenvolvimento e intervenção da doença psicossomática. Ela descreve a maneira de pensar da escola de Paris sobre a etiologia da doença psicossomática como resultante de uma "mente sem fala", o que significa que a mente é incapaz de identificar, sintetizar e controlar os processos corporais e, consequentemente, não pode "falar" a linguagem

do corpo. A autora prossegue dizendo que o corpo tem necessidade de falar para que o indivíduo seja capaz de dar sentido ao que está a acontecer no corpo. Se faltar esta ligação ou a capacidade de mentalizar, surgem as doenças psicossomáticas, segundo a Escola de Paris. A escola da vinculação assume que as doenças psicossomáticas resultam de um "corpo que fala", o que significa que o problema resulta do facto de o corpo se comportar como a mente e não da incapacidade da mente para captar e processar os sinais do corpo (Gubb, 2013). Assim, as doenças psicossomáticas resultam da incapacidade de simbolizar e utilizar a linguagem, ou da incapacidade da mente para ligar a excitação somática.

A Escola de Psicossomática de Paris não só estabeleceu que as doenças psicossomáticas surgem de uma incapacidade de mentalizar, como também afirmou que o processo de somatização e o sintoma final são determinados pelo **nível de** mentalização do indivíduo (Oliner, 2010; Sechaud 2010). Ou seja, quanto mais desenvolvida a capacidade de mentalização, menos grave é o sintoma (ex.: síndrome do intestino irritável) e quanto menos desenvolvida a capacidade de mentalização, mais grave é o sintoma (ex.: cancro). Por outras palavras, consideram que a correlação entre a mentalização e a doença psicossomática é negativa. Explicaram, como resumido por Gubb (2013), que à medida que o ego se desenvolve gradualmente, os processos de linguagem, pensamento, recordação, fantasia e imaginação também aumentam até se concretizarem num adulto saudável e plenamente funcional com a capacidade de mentalizar. Se este processo de maturação estiver latente de alguma forma, o momento em que se tornou latente e a área de latência determinam o sintoma da doença psicossomática (Gubb, 2013).

Ambas as escolas de pensamento assumem que, embora exista uma interação entre a mente e o corpo, os dois devem funcionar separadamente (Gubb, 2013). O corpo deve lidar com as sensações e a mente deve interpretar e dar sentido a essas sensações, a fim de alcançar e manter a saúde física e o bem-estar emocional (Gubb, 2013).

Outro ponto em comum entre as duas escolas é que o tratamento da doença psicossomática deve centrar-se na linguagem (Gubb, 2013), ou como Freud disse, a "cura pela fala". As palavras podem interagir com os sentimentos para provocar mudanças (Bucci, 2010).
A intervenção deve desenvolver a capacidade de mentalizar para estabelecer ou restabelecer a ligação entre a mente e o corpo: em relação à escola de Paris, para que a mente possa "falar" (Aisenstein, 2008) e em relação à abordagem da vinculação, para que o corpo deixe de "falar" (Griffies, 2010)

Uma das principais premissas de ambas as escolas de pensamento psicossomático, **a** Escola de Psicossomática de Paris e a Abordagem da Vinculação, como resumido por Gubb (2013), é que as doenças psicossomáticas resultam de problemas com a ligação mente-corpo. A ligação mente-corpo ou foi danificada por um trauma ou nunca se desenvolveu corretamente (Gubb, 2013). Aisemberg (2007) descobriu que traços sensoriais traumáticos, não transformados, que não podem ser transformados num impulso, estão ligados ao corpo. (O campo da terapia informada sobre o trauma também documentou evidências de memórias traumáticas "intransformáveis" que não podem ser tocadas pelos processos habituais que transformam os eventos quotidianos [i.e., sonhos, fantasias, devaneios], e propõe um tratamento conversacional que liga o afeto a estas memórias isoladas ou sensações corporais que eram anteriormente inefáveis [Herman, 1997]).

Este autor discorda do pressuposto de que as doenças psicossomáticas são sempre causadas por uma ligação defeituosa entre a mente e o corpo. Embora alguns casos de doença psicossomática possam resultar de uma ligação mente-corpo deficiente, também pode acontecer que a ligação mente-corpo seja muito forte, mas a mente exerça uma influência negativa muito forte sobre o corpo, fazendo com que este adoeça ao longo do tempo. Por exemplo, Krystal (1997) descobriu que as emoções de uma criança podem estar apenas parcialmente ligadas ao seu corpo se não tiverem sido devidamente domadas e reflectidas pelos pais ou se a criança tiver sofrido um trauma. Como resultado, a criança só pode experimentar sensações somáticas. Este autor argumenta que, devido a traumas de infância e a um espelhamento inadequado, a criança pode ter desenvolvido uma capacidade vívida de mentalização ou imagética. Por exemplo, a criança pode ter desenvolvido uma capacidade muito viva de imaginar um mundo de fantasia para escapar ao trauma da infância e ao espelhamento inadequado. Além disso, a criança pode ser perceptiva
Ele tem consciência da sua frustração, raiva e outros estados afectivos, mas inconscientemente vira esses sentimentos contra si próprio (o seu corpo) numa forma de somatização auto-destrutiva.

Estudo de caso psicanalítico

O estudo de caso psicanalítico que se segue tem como objetivo realçar a possibilidade de nem todas as pessoas com doenças psicossomáticas terem uma fraca capacidade de mentalização. Em vez disso, algumas pessoas com doenças psicossomáticas podem ter ficado doentes porque a sua ligação mente-corpo pode ser muito forte e a sua mente exerce uma influência negativa muito forte no seu corpo, fazendo com que o seu corpo fique doente ao longo do tempo.

Tamara era uma mulher de 44 anos que fazia psicanálise em três sessões por semana. Começou com uma sessão por semana e inicialmente procurou tratamento porque o marido ameaçou deixá-la se ela não tivesse relações sexuais com ele. Nessa altura, Tamara referiu que nunca se tinha "excitado" com ele e que, por isso, não tinha interesse em sexo. No entanto, temia que um dia ele a "deixasse e desaparecesse no ar" se ela não satisfizesse o seu desejo sexual.

A mãe de Tamara sofria de esclerose múltipla, um diagnóstico que lhe foi feito antes do nascimento de Tamara. Os sintomas da mãe, como a fraqueza muscular e a fadiga geral, eram intermitentes. Quando estes sintomas ocorriam, a mãe ficava emocional e fisicamente indisponível e tinha frequentemente de ser hospitalizada. Tamara não recebia explicações sobre o paradeiro da mãe durante as hospitalizações, pelo que Tamara descreve a mãe como tendo "desaparecido". Como resultado da atenção inconsistente da mãe, Tamara teve dificuldade em desenvolver a permanência de objectos e um estilo de vinculação seguro.

Em criança, Tamara foi repetidamente forçada pelos pais a vê-los ter relações sexuais. Durante esse tempo, Tamara sentia-se mal do estômago, com náuseas e traumatizada e "só queria desaparecer". Ela ainda não sabia o que era o sexo e nunca tinha visto um pénis. Pensou que estava a acontecer algo violento e horrível porque a mãe estava sempre a gritar. Depois disso, ela
A mãe não se conseguia mexer (possivelmente devido à sua esclerose múltipla) e estava deitada na cama enquanto o pai adormecia.

Um dia, Tamara contou à sua melhor amiga "o que acontece à noite". A amiga contou à mãe, que por sua vez transmitiu a história à mãe de Tamara. Como resultado, Tamara foi severamente castigada por mentir e contar histórias. Após a tentativa de revelação, Tamara tornou-se bulímica durante muitos anos e queria "livrar-se de tudo e evaporar-se". Começou a fechar-se no quarto e a ler livros à noite para se afastar dos pais e evitar sentir-se sozinha. A bulimia de Tamara permitiu-lhe manter-se magra e parecer andrógina e jovem, como se nunca tivesse crescido fisicamente.

Mais tarde, durante o tratamento, Tamara afirmou que a sua relutância em aceitar a sua feminilidade resultava do facto de ter "nojo" de ser forçada a ver os pais a terem relações sexuais. Sofria de doenças psicossomáticas frequentes e recorrentes relacionadas com o abuso sexual ou com os sintomas da esclerose múltipla da mãe. Estas doenças psicossomáticas incluíam dores abdominais, dores lancinantes no estômago e a incapacidade de mexer as pernas. Em consequência, recusava-se a ter relações sexuais com o marido. No entanto, Tamara sentia-se rejeitada quando o marido não mostrava interesse sexual por ela. Mais tarde, Tamara apercebeu-se de que era esse o comportamento (atenção sexual) que a sua mãe e o seu pai lhe estavam a mostrar abertamente. Quando Tamara se apercebeu deste facto, sentiu-se enojada com o seu próprio desejo de ser desejada - um comportamento tão próximo do dos seus pais, que ela desprezava. Como resultado, pela primeira vez, Tamara deixou de se sentir rejeitada pelo marido se ele não lhe desse atenção suficiente. Considerou este facto como um grande progresso e sentiu-se muito mais estável na sua relação com o marido. Tamara trabalhou na transferência dos seus sentimentos para a fonte genética (pais) e não para o marido. Como conseguiu entrar em contacto com os sentimentos que tinha quando via os pais a fazer sexo, conseguiu estar mais disponível emocionalmente para o marido e desfrutar da sua companhia sem medo de rejeição ou de "evaporação".

Tamara tinha sonhos vívidos e uma imaginação fértil. Era capaz de exprimir plenamente os seus sentimentos, era muito inteligente e extremamente criativa. Tinha um coração caloroso e era empática. Na opinião do autor, ela tinha a capacidade de mentalizar e era suficientemente flexível para utilizar a sua capacidade de mentalização quando necessário.

No entanto, quando adoeceu com uma das doenças psicossomáticas acima referidas, ficou incapacitada. Procurou ajuda junto de vários médicos. Era difícil para ela encontrar qualquer problema físico em Tamara. Também beneficiava do facto de o marido, a irmã e os médicos cuidarem dela quando estava fisicamente doente.

A autora teve a impressão de que Tamara adoeceu inconscientemente para se identificar com a mãe através da doença e não com a feminilidade que ela rejeitava, e para se "vaporizar". (Quando estava doente, retirava-se para o seu quarto durante muitos meses para ler e recuperar, e não podia trabalhar ou conviver. Este comportamento defensivo lembrava-lhe o que fazia em criança para escapar aos abusos sexuais). Ela relatou que se sentia culpada porque estava simultaneamente "excitada" e "enojada" com a experiência da sexualidade entre a sua mãe e o seu pai. Admitiu que se masturbou em público no recreio da escola aos seis anos de idade. Devido a esta culpa de estar sexualmente excitada e sobre-estimulada, acreditava que se punia a si própria ficando doente quando estava sexualmente excitada com o marido. Ela explicou ao analista: "Fico tão doente da forma como me sentia quando era obrigada a ver os meus pais a fazer sexo". Assim, parece que a culpa de Tamara pela sua excitação sexual e a sua raiva dos pais se manifestaram no seu corpo. Ela também disse que só recebia atenção positiva quando estava doente.

A causa das doenças psicossomáticas de Tamara, como já foi referido, era provavelmente multifacetada e complicada, mas não parecia resultar de uma falta de capacidade de mentalização ou de criação de imagens visuais sob a forma de sonhos diurnos e noturnos, de afectos e de criatividade. Talvez não conseguisse exprimir a sua raiva, culpa e excitação sexual sem ser ridicularizada e invalidada, pelo que

Tamara começou a lidar com os seus sentimentos de infância e a relacioná-los com a sua situação atual com o marido, o que aliviou os seus sintomas psicossomáticos e lhe permitiu avançar no amor e no trabalho. Tal como descrito na literatura, Tamara começou a lidar com os seus sentimentos de infância e a relacioná-los com a sua situação atual com o marido, o que aliviou os seus sintomas psicossomáticos e lhe permitiu avançar no amor e no trabalho.

Este caso é um exemplo de como a ligação entre a mente e o corpo pode ser muito forte em certos indivíduos, mas que a mente pode exercer uma influência negativa muito forte sobre o corpo, tornando-o doente ao longo do tempo. Esta evidência também pode ser encontrada na literatura de outros domínios para além da psicanálise, que é o tema da próxima sessão. O autor considera que a psicanálise veio acrescentar muita profundidade a outras disciplinas da saúde. No entanto, continua a ser importante para os psicanalistas manterem-se a par da informação destas outras disciplinas, especialmente das análises de investigação quantitativa que podem examinar questões semelhantes numa variedade de assuntos. Ambas podem e devem continuar a informar-se mutuamente.

Doenças psicossomáticas e outras áreas de estudo

Em psicologia, o interesse científico pelos efeitos psicossomáticos das imagens mentais surgiu com os primórdios da psicologia científica, desapareceu com a ascensão do behaviorismo e reapareceu nos anos setenta. Segundo Ribot (1906), o fisiologista e primeiro psicofísico Weber utilizava imagens para controlar voluntariamente os seus batimentos cardíacos. Perante as provas de Betts (1909), Fernald (1912), Ruger (1910) e Thorndike (1907) de que as diferenças individuais nas imagens visuais não têm nada a ver com as diferenças individuais na memória visual e no pensamento visual, o behaviorista Watson (1913) convenceu o establishment psicológico de que as experiências privadas, como as imagens mentais, são epifenómenos que não têm efeitos causais no comportamento publicamente observável.

Só recentemente voltaram a ser realizados estudos sobre as diferenças individuais nas imagens mentais e nos comportamentos relacionados com a função, incluindo os comportamentos controlados autonomamente. Nos estudos sobre o processo não autónomo da memória visual, os investigadores (Berger e Ganitz, 1977; Danaher e Thoresen, 1972; Ernest & Paivio, 1971;
Rehm, 1973; Richardson, 1978; Rimm & Bottrell, 1969; Sheehan & Neisser, 1969; Stewart, 1966; Wagman & Stewart, 1974) descobriram ainda que as diferenças individuais na vivacidade subjetivamente relatada das imagens visuais não estão correlacionadas com as diferenças

individuais na precisão da memória visual. Embora estas réplicas de resultados anteriores continuem a ser problemáticas para os introspeccionistas e neobehavioristas que adoptam abordagens da imaginação baseadas na memória, os resultados são consistentes com duas abordagens recentes da imaginação: (a) que a capacidade de mapeamento reflecte o domínio das regras de transformação utilizadas tanto para gerar sensações imaginárias a partir de pistas neurais com estrutura profunda como para descodificar sensações perceptivas em universos de estrutura profunda (Kosslyn, 1980; Kunzendorf, 1980), e (b) que a capacidade de mapeamento reflecte o acesso do sujeito a estados neurológicos específicos da imagem com componentes centrais e periféricos (Ahsen, 1978; Kunzendorf, 1980).

Esta última abordagem às diferenças individuais na imaginação também antecipou provas mais recentes de que as diferenças individuais na imaginação mental estão correlacionadas com o controlo voluntário dos processos autonómicos. White (1978) descobriu que a capacidade de controlar a salivação através da imaginação voluntária pode ser prevista a partir da vivacidade relatada das imagens dos sujeitos em todas as modalidades sensoriais. Kunzendorf e Kostoulakos (1981) referem que a capacidade de controlar o pH salivar através da imaginação induzida voluntariamente ou hipnoticamente pode ser prevista a partir dos resultados das capacidades de imaginação dos sujeitos. Carroll, Baker e Preston (1979) descobriram que a capacidade de aumentar a frequência cardíaca através da imaginação voluntária estava positivamente correlacionada com a vivacidade relatada das imagens visuais dos sujeitos. Hirachman e Favaro (1977) verificaram que a capacidade de aumentar a frequência cardíaca através do treino de biofeedback estava positivamente correlacionada com a vivacidade das imagens auditivas e visuais dos sujeitos. Ikeda e Hirai (1976) descobriram que a capacidade de controlar a atividade electrodérmica através do treino de biofeedback estava estatisticamente associada à frequência de imagens relatada pelos sujeitos em todas as modalidades sensoriais.

Num estudo, Barber (1984) encontrou uma ligação entre os sintomas físicos dos seus pacientes e as suas fantasias. O seu estudo foi limitado porque utilizou uma

A amostra de estudos de caso era pequena, não foram utilizados desenhos estatísticos, os meios de medir a capacidade de formar uma imagem e o grau de doença psicossomática não eram padronizados, válidos ou fiáveis, a capacidade de formar uma imagem não foi definida e a escolha da profissão dos sujeitos como fator de contaminação não foi investigada.

Hemisfério direito

Parte-se do princípio de que o hemisfério direito é muito mais importante para os processos de formação de imagens do que o esquerdo (Lee, 1983; Pope & Singer, 1980). As evidências que apoiam esta hipótese são muito variadas, mas largamente consistentes nas suas implicações. Uma revisão dos estudos experimentais e das observações clínicas sobre as diferenças hemisféricas nas funções imaginativas leva às seguintes conclusões. Em primeiro lugar, a lesão ou a remoção de diferentes partes do hemisfério direito conduz frequentemente a uma perda ou a uma diminuição da visualização, do sonho visual, da memória visual e da vivacidade das imagens. Esta lesão do lado direito também prejudica a aprendizagem baseada na imagem ou o desempenho em tarefas espaciais com componentes pictóricos. Por outro lado, os défices de memória verbal devidos a uma lesão do hemisfério esquerdo podem ser compensados ensinando os doentes a utilizar mnemónicas pictóricas mediadas pelo hemisfério direito intacto. Em segundo lugar, estudos de eletroencefalograma (EEG) e de resposta galvânica da pele (GSR) em indivíduos normais mostraram que o aumento da ativação do hemisfério direito está associado à experiência de imagens. Em terceiro lugar, embora muitas vezes com efeitos paradoxais, estudos de microscopia correlativa de luz e electrões (CLEM) revelaram que o CLEMS esquerdo e a ativação do hemisfério direito se correlacionam com o uso preferencial e a clareza das imagens, bem como com um melhor desempenho em tarefas de imaginação. Em quarto lugar, a estimulação eléctrica do lobo temporal direito resultou em relatos de imagens ricas e outras impressões alucinatórias visuais semelhantes às que ocorrem nos sonhos noturnos e nas auras epilépticas. Foi postulado o envolvimento do hemisfério direito nos sonhos visuais e nos "estados de sonho" epilépticos. Em quinto lugar, estudos de reconhecimento visual de palavras concretas e abstractas apresentadas lateralmente indicaram uma capacidade do hemisfério direito para "ler", armazenar ou mediar o processamento de palavras altamente imagéticas (Lee, 1983). Finalmente, foi sugerido que as palavras imaginadas e
Os movimentos partilham uma grande parte dos mesmos circuitos neuronais (Decety, 1996). Estes resultados demonstram a existência de uma lateralidade cerebral no processo da imagética.

Escolha profissional

A escolha da carreira pode ter um impacto na capacidade de imaginar imagens e conteúdos visuais. O interesse por esta área foi revitalizado pela investigação de Roe (1951) sobre a crença de Galton

(1883) de que os cientistas têm uma imaginação fraca. Roe descobriu que os cientistas de diferentes disciplinas utilizavam diferentes tipos de imagens. Os biólogos e os físicos experimentais, por exemplo, usavam imagens visuais, enquanto os físicos teóricos, os psicólogos e os antropólogos usavam imagens verbais. Diehl e England (1958) referiram que os estudantes de arte e desporto utilizavam mais imagens visuais, enquanto os estudantes de música utilizavam mais imagens auditivas.

Diferenças de género

As primeiras observações sobre as diferenças entre os géneros foram feitas por Galton (1883), que referiu que as mulheres têm uma capacidade imaginativa superior à dos homens, mas outras descobertas mostram que os resultados sobre esta questão são mistos. (Ver Quadro I). Por ordem cronológica, desde Galton, as conclusões sobre a existência ou não de diferenças entre os géneros na capacidade de visualização, tal como é referida nas auto-avaliações, são as seguintes Em 1965, Schmeidler adaptou um teste de Galton para medir a imaginação visual em homens e mulheres e para esclarecer se existem diferenças de género na capacidade de imaginação. Schmeidler verificou que os estudantes universitários e pós-graduados do sexo feminino tinham uma imaginação mais viva do que os estudantes universitários e pós-graduados do sexo masculino. No ano seguinte, Michael (1966) corroborou os resultados de Schmeidler, concluindo que as mulheres tinham uma imaginação mais vívida do que os homens, tal como medido pelo Non-verbal Imagery Assessment. No ano seguinte à publicação de Michael, Sheehan (1967) testou estudantes universitários e pós-graduados para determinar as diferenças de género na capacidade de criar imagens, utilizando o Questionário sobre Imagens Mentais. As conclusões de Sheehan de que as mulheres têm uma imaginação mais vívida do que os homens confirmam as conclusões de Galton, Schmeidler e Michael.

No entanto, a partir de 1973, foram realizados numerosos estudos (ver Quadro I) que não encontraram diferenças significativas entre os géneros na capacidade de gerar imagens visuais. Hiscock e Cohen aplicaram o Questionário sobre Imagens Mentais e o Teste de Controlo de Imagens de Gordon a estudantes universitários e pós-graduados e não encontraram diferenças significativas entre os sexos na capacidade de gerar imagens. White, Ashton e Law (1974) também utilizaram o Questionário sobre Imagens Mentais com estudantes universitários e licenciados e não encontraram diferenças significativas entre os géneros na capacidade de imaginar. No entanto, em 1977, dois dos mesmos autores, White e Ashton, com um novo autor, Brown, repetiram o estudo de White, Ashton e Law

(1974) utilizando a mesma população e o mesmo questionário, mas verificaram que os participantes do sexo feminino e mais velhos tinham imaginações mais vívidas do que os participantes do sexo masculino e mais jovens. No mesmo ano, Lane (1977) não encontrou diferenças significativas entre homens e mulheres em termos de capacidade de imaginação visual em estudantes universitários e com a avaliação do autor. Reing (1978) testou estudantes professores com o teste MIS e não encontrou diferenças significativas na capacidade de imaginação visual entre os sexos. Em 1978, Guy e McCarter introduziram a Escala de Imagens Emotivas de Guy. Testaram administradores e estudantes para detetar diferenças de género na capacidade de visualizar imagens, mas não encontraram diferenças significativas. No mesmo ano, Beech e Leslie referiram que não existiam diferenças significativas entre os homens e as mulheres que visualizavam imagens nas escolas primárias, utilizando o questionário de imagens mentais. Finalmente, em 1980, Ashton e White duplicaram o estudo de Beech e Leslie (1978), utilizando a mesma população (estudantes) e o mesmo método de medição (Questionário de Imaginação Mental). Os seus resultados apoiam outros investigadores que não encontraram diferenças significativas entre o género e a capacidade de visualização nas auto-avaliações.

Também foram registados resultados diferentes para o conteúdo e a visualização de imagens. As diferenças específicas de género também são evidentes no conteúdo real dos sonhos diurnos (Streissguth, Wagner, & Wechsler, 1969; Wagman, 1967). Utilizando o Inventário de Processos Imaginativos (IPI) (Singer & Antrobus, 1972, versão revista), ambos os estudos apresentaram resultados consistentes com os estereótipos de género esperados; por exemplo, Wagmen descobriu que

Os homens eram mais propensos a relatar sonhos diurnos assertivos, sexuais, heróicos e de auto-engrandecimento, enquanto as mulheres eram mais propensas a relatar sonhos diurnos passivos, afiliativos, fisicamente atraentes, orais e narcisistas. Da mesma forma, Streissguth et al. (1972) concluíram que os devaneios das mulheres eram mais passivos, pouco frequentes e baseados na realidade, enquanto os homens eram mais propensos a ter devaneios salientes e orientados para a ação, que incluíam temas sexuais, agressivos, heróicos e orientados para a realização. Giambra (1977, 1978) utilizou o IPI para investigar as diferenças de género numa faixa etária entre os 17 e os 92 anos. Descobriu que as mulheres eram mais frequentemente e mais intensamente absorvidas em sonhos diurnos e menos frequentemente tinham sonhos diurnos sexuais, heróicos, bizarros, de resolução de problemas ou improváveis do que os homens. Przybyla et al (1981) descobriram que as imagens sexuais masculinas incluíam sexo mais explícito, enquanto o afeto interpessoal era mais comum nas fantasias femininas. Os homens eram mais propensos a relatar detalhes sobre a atração e as proporções corporais da sua parceira, a nomear várias parceiras e a descrever cenas que envolviam sexo oral.

No entanto, num estudo de Gold e Gold (1982), apenas foi encontrada uma diferença significativa entre estudantes universitários do sexo masculino e feminino em termos do conteúdo das suas fantasias, nomeadamente o tema da recreação. Os devaneios sexuais, heróicos e agressivos foram relatados igualmente por ambos os sexos. Por fim, Hayman (1980) concluiu que as semelhanças entre as fantasias sexuais de homens e mulheres eram mais marcantes do que as diferenças. Estas discrepâncias podem dever-se à alteração das noções de papéis de género adequados (Gold & Gold, 1982).

Desejabilidade social e resposta ao teste

A crença de que os auto-relatos de imaginação são influenciados por variáveis como o ambiente social ou as expectativas do sujeito não é um fenómeno novo. Mais de 50 anos antes de Orne (1962) e Rosenthal (1968) chamarem a atenção dos experimentadores para esta classe de variáveis, Angele (1910), no decurso da avaliação dos métodos actuais de medição da imaginação, sugeriu que os sujeitos poderiam variar o seu desempenho de acordo com as suas expectativas em relação à tarefa. Do mesmo modo, Woodworth (1910), ao rever a monografia de Bett (1909), observou que as pontuações dos testes podiam simplesmente basear-se em diferenças entre os sujeitos do teste na sua "tendência natural para se classificarem muito bem no mundo das imagens" (p. 352).

A Tabela II apresenta dados sobre os efeitos da desejabilidade social, do enviesamento da resposta e das expectativas do sujeito nos testes de autoavaliação da imaginação. A escala de Marlow-Crowne (MC) (Crowne & Marlowe, 1964) é o critério independente mais frequentemente utilizado para determinar em que medida a desejabilidade social influencia os resultados dos testes de imaginação. Os estudos resumidos no Quadro II, nos quais este teste foi utilizado, apresentaram resultados contraditórios. Hiscock (1978) realizou um estudo exaustivo com estudantes universitários e pós-graduados que foram avaliados com a Escala de Desejabilidade Social de Crowne e Marlowe, o Questionário de Imaginação Mental, o Teste de Gordon de Controlo da Imaginação e o IDQ. Os resultados de Hiscock não revelaram correlações significativas entre qualquer teste e a desejabilidade social. Em contraste com os resultados de Hiscock, McKelvie e Demers (1979) registaram uma influência significativa das instruções do teste, mas não do formato do teste, nas respostas dos estudantes e dos alunos a um questionário de imagética visual, o VVIQ, e às suas instruções. Noutro estudo, McLemore (1976) referiu que tanto o questionário de imagética mental como o teste de Gordon de controlo da imaginação eram influenciados pela desejabilidade social, mas não pelo enviesamento da resposta, em estudantes universitários e pós-graduados. Em 1979, utilizando a escala de desejabilidade social de Crowne e Marlow, Richardson encontrou uma correlação positiva estatisticamente significativa entre as pontuações do VVIQ e a desejabilidade social em estudantes universitários e pós-graduados. A influência da desejabilidade social é apoiada por um estudo em que as expectativas de resposta dos sujeitos influenciaram os resultados dos testes de autoavaliação de imagens (Honorton, 1975; Palmer & Luberman, 1975; Palmer & Vassan, 1974; White, Sheehan, & Astor, 1997). Morris (1974) também descobriu que o IPI estava contaminado por conjuntos de respostas (desejabilidade social).

Conteúdo das aulas

Foram registados resultados contraditórios no que diz respeito ao conteúdo de ensino. Dois estudos (Ashton & White, 1975; Ashton, White, & Brown, 1976) com estudantes de psicologia introdutórios mostraram que o conteúdo de ensino da auto-revelação
Os testes de imagem tiveram uma influência significativa nos resultados. No entanto, no estudo de Durndell e Wetherich (1975), a variável do estatuto do experimentador foi analisada juntamente com o conteúdo da aula. Os relatórios de imagens não foram afectados pelas manipulações.

Cultura do sujeito

Existem muitas provas que sugerem que a cultura de uma pessoa influencia a sua capacidade de formar uma imagem. Wober (1966) propôs uma teoria de sensótipos, que afirma que diferentes sentidos podem ser enfatizados em diferentes culturas, levando ao desenvolvimento de diferentes tipos de imagens. Doob (1982) também observou que as imagens eidéticas são omnipresentes em diferentes sociedades. Além disso, muitos descobriram que as variáveis socioculturais exercem uma forte influência na prevalência, explicação e consequências das imagens mentais (Castaneda, 1976; Davidson, 1980; Deikman, 1966; Halifax, 1980; Marks & McKellar, 1982; Wallace, 1959; Ward, 1979; Ward, 1985; Ward & Beaubrun, 1979; Ward & Beaubrun, 1980).

Nenhuma destas variáveis socioculturais inclui as práticas religiosas, nas quais várias formas de estados alterados de consciência ricos em imagens se desenvolveram espontaneamente em todo o mundo (Ward, 1985). Outra variável são as alucinações. Ward (1985) referiu que as alucinações são um dos comportamentos humanos mais generalizados, e Bourguignon e Evason (1977) descobriram que 90% de uma amostra holocultural de 488 sociedades exibiam estados de transe associados a visões e alucinações e/ou estados de ossessão. Estas estatísticas podem contribuir muito para o estudo holístico do imaginário e evitar que o campo se torne "lamentavelmente etnocêntrico" (Doob, 1982, p. 32).

Por outro lado, alguns investigadores concluíram que as diferenças culturais não têm qualquer influência na avaliação das imagens. Marsella (Marsella & Higgenbottham, 1973; Marsella & Qizano, 1974) analisou a teoria de Wober (1966) numa abordagem transcultural, mas concluiu que não surgiram padrões culturais claros. Juba, Aneshensel e Singer (1981) referiram que os resultados da forma abreviada do IPI não são fortemente influenciados pela etnia ou pelo estatuto socioeconómico (educação e profissão da mãe e do pai).

Hipnose

A conclusão de que os bons hipnotizadores desenvolveram talentos especiais na área da imaginação é apoiada por um grande número de estudos. Vários estudos revistos por Sheehan (1979) encontraram correlações positivas entre o grau de reação individual às sugestões hipnóticas e a capacidade de gerar imagens vívidas e de controlar as suas imagens (Hilgard, 1970; Perry, 1973; Shor, Orne, & O'Connell, 1966; Spaos, Valois, Ham, & Ham, 1973; Sutcliffe, 1958; Sutcliffe, Perry, & Sheehan, 1970). Outros estudos encontraram correlações positivas entre a capacidade de resposta a sugestões numa situação hipnótica e o grau de envolvimento em actividades imaginárias, por exemplo sonhar acordado, imersão num romance e encenação dramática (Andersen, 1963; As, 1962; As, O'Hare, Munger, 1962; Atkinson, 1971; Barber & Glass, 1962; Barber & Wilson, 1979; Coe, 1964; Coe & Sarbin, 1966; Lee-Teng, 1965; Sarbin & Lim, 1963; Spanos & McPeake, 1975a; Spanos & McPeake, 1975b).

Dos estudos acima referidos, o mais completo foi efectuado por Hilgard (1970, 1979). Ela descobriu que os bons sujeitos hipnóticos se caracterizam por uma vida inteira de actividades relacionadas com a fantasia, como sonhar acordado, ler ou ouvir histórias imaginativas, ler ficção científica e representar em peças de teatro.

Barber (1984) também apresentou provas de que a capacidade de imaginar está positivamente correlacionada com a capacidade de hipnotizar, mas verificou que 70% deste grupo (27 mulheres com elevada capacidade imaginativa e elevada capacidade hipnótica) referiu ter sofrido de doenças ou sintomas físicos que pareciam estar diretamente relacionados com a sua imaginação. Concluiu que as pessoas com uma elevada capacidade de imaginar têm também um certo número de doenças psicossomáticas.

Importância deste estudo

Este estudo foi concebido para abordar a discrepância entre a literatura psicanalítica, que demonstra uma relação negativa entre a doença psicossomática e a mentalização, e a literatura das ciências da saúde, que apoia a hipótese de que a relação entre a doença psicossomática e a mentalização é

A capacidade de visualizar é uma qualidade positiva. Ao ajudar a clarificar esta questão, este estudo contribuirá para uma compreensão mais profunda da forte relação entre os processos psicológicos de uma pessoa e as suas funções corporais e melhorará a compreensão da saúde, o que, por sua vez, pode influenciar a prática.

Um outro objetivo deste estudo é transformar o estudo idiográfico de Barber (1984) num estudo nomotético, definindo o imaginário e a seleção da amostra, realizando análises estatísticas e utilizando medidas normalizadas, fiáveis e válidas da capacidade imagética e do grau de doença psicossomática.

CAPÍTULO 3 **MÉTODO DE INVESTIGAÇÃO**

Questões de investigação

1. Existe uma correlação entre a capacidade de visualização e o grau de doença psicossomática dos estudantes?
2. Existe uma diferença significativa na capacidade de visualização e no grau de doença psicossomática **entre** três grupos diferentes de estudantes (estudantes do último ano de fisioterapia, estudantes do último ano de terapia ocupacional e estudantes do primeiro ano de terapia ocupacional)?
3. Existe uma diferença significativa na capacidade de visualizar e na extensão da doença psicossomática **entre** três grupos diferentes de estudantes (estudantes do último ano de fisioterapia, estudantes do último ano de terapia ocupacional e estudantes do primeiro ano de terapia ocupacional)?

Hipóteses

1. Existe uma correlação entre a capacidade de visualização e o grau de doença psicossomática dos estudantes?
2. Hipótese nula: Não existe correlação entre a capacidade de visualização e a extensão das doenças psicossomáticas nos estudantes?
3. Foi encontrada uma diferença significativa na capacidade de formar uma imagem e no grau de doença psicossomática **entre** três grupos diferentes de estudantes (estudantes do último ano de fisioterapia, estudantes do último ano de terapia ocupacional e estudantes do primeiro ano de terapia ocupacional).
4. Hipótese nula: Não haverá diferença significativa na capacidade de visualização e no grau de doença psicossomática **entre** três grupos diferentes de estudantes (estudantes do último ano de fisioterapia, estudantes do último ano de terapia ocupacional e estudantes do primeiro ano de terapia ocupacional).
5. Existe uma diferença significativa na capacidade de visualizar e na extensão da doença psicossomática **entre** três grupos diferentes de estudantes (estudantes do último ano de fisioterapia, estudantes do último ano de terapia ocupacional e estudantes do primeiro ano de terapia ocupacional)?
6. Hipótese nula: Não existe uma diferença significativa na capacidade de formar uma imagem e na extensão da doença psicossomática **entre** três grupos diferentes de estudantes (estudantes do último ano de fisioterapia, estudantes do último ano de terapia ocupacional e

estudantes do primeiro ano de terapia ocupacional)?

Conceito e metodologia

Tópicos

Os sujeitos eram 33 estudantes universitários dextros de uma universidade da cidade de Nova Iorque. Devido à lateralidade cerebral no processamento de imagens, apenas foram utilizados indivíduos destros; os canhotos foram excluídos. Partiu-se do princípio de que o facto de se ser destro implica uma dominância hemisférica esquerda na maioria das pessoas, pelo que o processamento da imagem tem lugar no hemisfério direito. Em vez disso, pode ocorrer uma dominância incompleta, em que nenhum dos lados está mais desenvolvido. Nesse caso, a capacidade de gerar imagens pode estar subdesenvolvida. Por conseguinte, alguns canhotos podem distorcer os resultados. Para ter em conta possíveis diferenças de género, foram utilizados apenas indivíduos do sexo feminino. Dado que as mulheres estão predominantemente representadas nos programas de PT e OT, as mulheres foram preferidas aos homens.

Uma vez que as pessoas com diferentes opções de carreira utilizam, alegadamente, diferentes tipos de conceptualizações, existe a possibilidade de existir também uma relação entre a escolha de carreira e a capacidade de concetualização; por isso, foram utilizados três grupos de carreiras diferentes. Destes 33 estudantes, 14 eram estudantes de TO no primeiro ano da escola de TO, 12 eram estudantes de TO no último ano da escola de TO e sete eram estudantes de PT no primeiro ano da escola de PT. As diferenças culturais entre os grupos

não desempenhou qualquer papel neste estudo, uma vez que Huba et al. (1981) verificaram que a etnia e o estatuto socioeconómico não afectaram os resultados da forma abreviada do IPI.

Os participantes foram selecionados de forma voluntária. Antes da data do teste, foi afixado um formulário de inscrição em cada uma das salas de aula da escola. Foi lido um discurso para os três grupos diferentes, no qual se dava a conhecer o projeto e se pedia que se inscrevessem. Após o discurso, foi distribuída outra cópia da ficha de inscrição pela sala.

Materiais

Materials included: 33 copies of the IPI (Singer & Antrobus, 1970), available from The Educational Testing Service, Princeton, NJ, 08541; at least 33 copies of the Symptoms Checklist-90-Revised (SCL-90-R) (Derogatis, 1977), available from The Clinical Psychometric Research, P.O. Box 425, Riderwood, MD, 21139, telefone (301) 321-6165; um manual da SCL-90-R; uma sala grande com 33 cadeiras; um relógio; um computador e uma impressora; papel; uma fotocopiadora; e acesso a uma biblioteca de investigação de serviços de saúde.

Os sujeitos de cada grupo foram testados simultaneamente na mesma sala para verificar se a fadiga era causada pela hora do dia e pelas condições ambientais da sala (familiaridade, temperatura, iluminação, número de janelas, tamanho da secretária), factores que podem influenciar os resultados.

Os questionários de auto-relato foram escolhidos como método de avaliação porque são fáceis de administrar (os grupos podem ser testados de uma só vez), porque estão disponíveis, porque podem ser padronizados, porque têm uma boa fiabilidade e uma validade razoavelmente adequada, e porque cobrem uma vasta gama de tópicos. Embora os questionários possam parecer subjectivos por serem "auto-relatos", as perguntas feitas aos sujeitos são, na sua maioria, objectivas no que diz respeito aos sintomas psicossomáticos. Como investigador, é difícil para este desenho de investigação transversal medir sintomas em pessoas que não são conhecidas ou que não fazem parte da prática privada do investigador. No que diz respeito à capacidade de visualização, só o próprio sujeito pode descrever com exatidão a natureza das suas imagens (por exemplo, pede-se aos sujeitos que descrevam o grau de intensidade de os seus devaneios). Após um exame aprofundado das medidas psicométricas da capacidade de visualização e da doença psicossomática, estas duas avaliações parecem ser os melhores métodos para este projeto de investigação transversal.

Em particular, o IPI e o SCL-90-R foram selecionados porque ambos controlam parcialmente a desejabilidade social e a resposta ao teste. O conteúdo instrucional do teste deve ser controlado porque a sua influência nos resultados do teste é conhecida (Singer & Antrobus, 1970). Ambos os testes têm instruções normalizadas. Além disso, o SCL-90-R controla os dados em falta e tem uma escala discreta de cinco pontos, enquanto o IPI contém perguntas formuladas de forma negativa para limitar o impacto das frases de aquiescência.

Procedimento

Os sujeitos de cada grupo de investigação chegaram e foram colocados aleatoriamente na sala de testes. Foi distribuída uma folha de consenso para ser assinada por cada sujeito. O teste SCL-90-R foi distribuído e as instruções normalizadas foram lidas em voz alta pelo examinador. Depois de completar o teste, cada participante entregou o seu teste e pegou no IPI e nas instruções que o acompanham, que leu para si próprio. O subteste IPI foi administrado primeiro, uma vez que é mais curto e as perguntas têm menos carga emocional. O SCL-90-R não demorava mais de 15 minutos e o IPI não demorava mais de meia hora, embora fosse oferecido tempo ilimitado. O examinador esteve presente durante o tempo do teste para responder às perguntas. Os participantes foram instruídos a abandonar a sala depois de terem efectuado o último teste.

Analisar os dados

Os formulários de avaliação foram analisados de acordo com as instruções do manual. As pontuações brutas individuais podiam variar entre 0,0 e 4,0 no Índice de Gravidade Geral do SCL-90-R e foram calculadas para cada pessoa. Cada pontuação foi multiplicada por 10 para obter pontuações integrais de 0-40, que correspondem às pontuações brutas para imagens visuais em devaneios de 0-60.

Foi efectuada uma análise de variância (ANOVA) entre os resultados e a escolha de carreira (estudantes de TO no primeiro ano de curso de TO, estudantes de TO no segundo ano de curso de TO e estudantes de TO no terceiro ano de curso de TO).

(alunos do último ano do curso de OT e alunos do primeiro ano do curso de PT) para determinar se as doenças psicossomáticas estão relacionadas com a escolha da carreira.

Para cada pessoa, foi calculada a pontuação bruta da subescala do IPI "vivacidade das imagens em sonhos diurnos", que varia entre 0-60. A média das pontuações em cada grupo (alunos de TO no primeiro ano da escola de TO, alunos de TO no último ano da escola de TO e alunos de PT no primeiro ano da escola de PT) foi submetida a uma ANOVA para determinar se havia uma diferença significativa na capacidade de imaginar nos três diferentes grupos ocupacionais.

Por último, foi efectuada uma análise de Pearson r para determinar se existe uma correlação entre a capacidade de visualização e a doença psicossomática em estudantes do sexo feminino de terapia ocupacional e de fisioterapia. A análise de Pearson r é um tipo de teste estatístico que examina a relação ou a correlação entre variáveis. Foi utilizada neste estudo para determinar a força e a direção da relação entre as variáveis associadas à capacidade de auto-expressão e a doença psicossomática. Não implica causalidade.

Avaliação

Ao medir a capacidade de imaginar, pode ser tida em conta toda uma gama de tipos possíveis de processos imaginários: Extensão do devaneio geral (DD), aceitação do DD, absorção no DD, reacções positivas no DD, reacções ansiosas ao DD, imagens auditivas, resolução de problemas através do DD, orientação para o presente no DD, orientação para o futuro no DD, orientação para o passado na DD, DD bizarra e improvável, divagação mental na DD, frequência da DD, DD orientada para o desempenho, vivacidade alucinatória da DD, medo de falhar na DD, DD hostil-agressiva, DD sexual, DD heróica, sentimentos de culpa na DD, curiosidade interpessoal; curiosidade impessoal-mecânica, tédio, velocidade de pensamento, distractibilidade, necessidade de estimulação externa, tendências de auto-expressão e imagens visuais na DD.

Todos estes processos são medidos como subescalas no IPI: Revisão de 1970 (Singer & Antrobus, 1970), um questionário de autoavaliação com 344 perguntas

Medição do grau de ocorrência dos itens acima referidos. Cada subescala tem as suas próprias escalas de fiabilidade e, por conseguinte, pode também ser utilizada como um teste autónomo.

Duas destas subescalas, Imagens Visuais na DD e Imagens Auditivas na DD, são consideradas de particular importância no domínio da linguagem imagética (Sheikh, 1983; White, Sheehan & Ashton, 1971). Este último não é fiável (alfa de Cronbach: 0,39), pelo que não foi utilizado neste estudo. No entanto, a escala Visual Imagery in DD é fiável (0,86) e foi um dos dois testes utilizados nesta experiência.

Esta escala avaliava o grau de importância de uma componente de imagem visual no devaneio e foi utilizada para medir a capacidade de visualização, partindo do princípio que quanto maior o grau de vivacidade de uma imagem, melhor a capacidade de visualização. A escala consistia em 12 perguntas para as quais se podia selecionar uma resposta de 1, 2, 3, 4 ou 5, consoante o grau de aplicação da afirmação ao inquirido (5 significava "aplica-se muito a mim" e 1 "não se aplica de todo a mim"). Os números intermédios representavam um grau médio entre "muito verdadeiro" e "absolutamente verdadeiro". A escala resultou numa pontuação média elevada (38), o que confirma as conclusões anteriores de que os sonhos diurnos envolvem um elevado grau de visualização. A consistência interna foi elevada, com nenhum item a correlacionar-se abaixo de 0,46 com a pontuação total da escala e sete dos doze itens a correlacionarem-se acima de 0,60 com a pontuação total. Esta pontuação correlacionou-se principalmente com a absorção no DD, respostas positivas ao DD, imagens auditivas no DD, frequência do DD, vivacidade alucinatória do DD, DD sexual e o Teste de Gordon de Controlo de Imagens (Singer & Antrobus, 1970). Outros relataram que o IPI é internamente consistente e fiável (Cundiff & Gold, 1979; Giambra, 1977; White, Sheehan & Ashton, 1977). Apresenta também uma elevada condutância para um fator de segunda ordem que Huba et al. (1977) designaram por Sonhar Acordado Construtivo Positivo.

O segundo teste utilizado nesta experiência foi o SCL-9-R

(Derogatis, 1975). Trata-se de um inventário multidimensional de sintomas de auto-relato desenvolvido para medir o sofrimento psicológico sintomático. Mais recentemente, foi transformado na Hopkins Symptom Checklist (Derogatis, et al., 1974 a, b). Cada item da SCL90_R representava o nível de sofrimento numa escala discreta de 5 pontos que variava entre "nada" (0) e "extremamente" (4).O SCL-90-R incluía nove dimensões de sintomas primários e três índices globais de angústia. Os constructos de sintomas primários incluíam: somatização, compulsividade, sensibilidade interpessoal, depressão, ansiedade, hostilidade, ansiedade fóbica, ideação paranoide e psicose. Os três índices globais de angústia incluíam: o Total de Sintomas Positivos, o Índice de Angústia dos Sintomas Positivos e o Índice de Gravidade Geral (GSI). O GSI combinava informações sobre o número de sintomas e a intensidade da angústia e foi a única pontuação deste texto utilizada neste estudo.As normas utilizadas nesta experiência aplicam-se a mulheres adultas não doentes. A referência temporal padrão foi "os últimos sete dias, incluindo o dia de hoje".Em termos de caraterísticas psicométricas, o SCL-90-R tem revelado uma elevada consistência interna e fiabilidade teste-reteste. Derogatis (1977) registou coeficientes alfa entre 0,77 e 0,90 para as nove dimensões de sintomas primários e coeficientes de teste-reteste entre 0,78 e 0,90; Edwards et al. (1978) registaram um coeficiente alfa global de 0,5 e uma gama de coeficientes de teste-reteste para vários períodos de retenção entre 0,81 e 0,94. Um estudo de análise fatorial com uma grande amostra confirmou a estrutura dimensional clínico-racional do SCL-90-R (erogatis & Cleary, 1977b). Em pelo menos dois estudos em que uma série de instrumentos foi testada quanto à sensibilidade clínica e às propriedades psicométricas (por exemplo, Edwards, Yarvis, Mueller, Zingale, & Wagman, 1978; Weissman, Sholomskas, Pottenger, Prusoff, & Locke, 1977), o SCL-90-R foi classificado como muito favorável.A validação do instrumento foi abordada de forma programática, utilizando uma série de populações e métodos. Derogatis, Rickels e Rock (1976) demonstraram uma validade convergente e discriminante muito elevada entre o SCL-90-R e o MMPI, utilizando uma amostra de voluntários sintomáticos; Boleoucky e Horvath (1974) também demonstraram uma validade convergente elevada para o "90", utilizando uma amostra de voluntários sintomáticos. Middleesex Hospital Questionnaire com uma amostra de não doentes normais. O estudo de análise fatorial acima referido (Derogatis & Cleary, 1977) também contribuiu para a validade de constructo do instrumento, uma vez que os constructos dimensionais assumidos para a escala foram confirmados empiricamente numa amostra representativa de grande dimensão.

CAPÍTULO 4: RESULTADOS

Resultados

A correlação produto-momento de Pearson mostrou que não existia uma correlação significativa entre os resultados de cada um dos sujeitos do teste no SCL-90-R e os seus resultados no subteste do IPI "Visual imagery in daydreams" (r+.19663). Por conseguinte, não existe correlação entre a capacidade de imaginar e o grau de doença psicossomática dos sujeitos deste estudo.

Uma ANOVA de uma via, psicossomática por grupo, não revelou qualquer diferença significativa, razão F+.4396. Uma ANOVA de uma via, imagiologia por grupo, não revelou qualquer diferença significativa, razão F+.7728. Assim, não houve qualquer diferença significativa na capacidade de imagiologia e no grau de doença psicossomática entre os indivíduos dos três grupos designados ou entre os três grupos.

Discussão

Os resultados desta experiência indicam que a capacidade de visualização não se correlaciona com o grau de doença psicossomática dos estudantes de TO e TP desta universidade. Para além disso, estes grupos (alunos do primeiro e último ano de OT e alunos do primeiro ano de PT) não diferem significativamente na sua capacidade de visualização ou no seu nível de doença psicossomática.

Os resultados diferiam dos que a psicanalista tinha observado no seu consultório privado. O estudo de caso psicanalítico ilustrou o facto de uma cliente desta psicanalista ter uma capacidade de mentalização muito boa, mas continuar a sofrer de doenças psicossomáticas. A origem das doenças psicossomáticas desta paciente parecia estar nos seus pais, nomeadamente na sua mãe e na relação da paciente com a sua mãe (mesmo que esta seja multideterminada). Além disso, foram muitos os factores que contribuíram para que ela continuasse a retirar benefícios secundários das suas queixas psicossomáticas. À medida que o seu ego se desenvolveu, ela aprendeu novas capacidades de lidar com a situação e foi capaz de utilizar mecanismos de defesa do ego mais maduros. As suas doenças psicossomáticas diminuíram e, como resultado, a sua produtividade no trabalho e as suas relações com os homens melhoraram. Embora este caso seja um

A simplificação e a condensação enfatizaram a tese deste trabalho. O autor tem vários outros pacientes que não foram mencionados aqui, mas que também sofriam de doenças psicossomáticas e que não estavam necessariamente afectados na sua capacidade de pensar.

Os resultados deste estudo quantitativo também se afastam das hipóteses e da literatura. Isto pode dever-se a vários factores. Em primeiro lugar, todos os sujeitos foram testados durante os exames intercalares. Sob o stress desta altura, alguns sujeitos podem ter usado a negação como mecanismo de defesa, o que resultou em pontuações muito baixas no teste psicossomático em comparação com o grupo normal da faculdade.

Em segundo lugar, a elevada taxa de erro (que pode ser parcialmente devida à pequena dimensão da amostra) pode ter obscurecido os resultados significativos.

Em terceiro lugar, o pressuposto de que o subteste "Vivacidade Visual" mede a capacidade de visualização pode não ser correto.

Em quarto lugar, a desejabilidade social das perguntas pode ter influenciado os resultados. A desejabilidade social das perguntas em ambos os testes era ainda evidente, embora os autores dos testes tivessem tomado medidas para a corrigir. Uma pergunta socialmente desejável refere-se a uma pergunta cujas opções de resposta são obviamente adequadas ou inadequadas do ponto de vista social, de acordo com o julgamento do inquirido. Para não parecerem maus ou bons, alguns inquiridos escolhem uma resposta socialmente desejável em vez de uma resposta indesejável e, por conseguinte, não respondem honestamente.

Em quinto lugar, pode ter havido diferenças individuais na capacidade de visualização devido a experiências anteriores. Estas incluem o uso de drogas psicadélicas, técnicas de relaxamento, conhecimento de literatura, uso de imagens, frequência de sonhos noturnos recordados, ocupação anterior, etc.

Em sexto lugar, apesar da evidência na literatura, as influências culturais, como a religião e a etnia, podem ter afetado a capacidade de criar imagens, uma vez que certas cerimónias religiosas e étnicas envolvem imagens.

Em sétimo lugar, há também um problema com as escalas de autoavaliação, que é o facto de as suas normas serem os estudantes universitários, cujas pontuações tendem a concentrar-se na extremidade superior da distribuição, e que as medidas de autoavaliação discriminam mal nesse caso (Sommer, 1980).

Em oitavo lugar, a diferenciação clínica da intensidade dos sintomas psicológicos e fisiológicos percebidos pelas pessoas afectadas é bastante limitada.

Em nono lugar, Gold e Gold (1982) postularam que o género do examinador que administrava o IPI poderia ter influenciado os resultados do seu estudo sobre as diferenças entre os géneros no conteúdo do DD, no qual encontraram apenas uma diferença significativa entre os sujeitos masculinos e femininos no tópico da recreação. Do mesmo modo, no estudo de Sheehan e Neisser (1969) sobre a aprendizagem incidental, foi colocada a hipótese de que as imagens mais vivas relatadas pelos sujeitos do grupo orientado por um instrutor reflectiam as expectativas suscitadas por diferentes instruções.

Em dois estudos (Ashton & White, 1975; Ashton, White, & Brown, 1976), estudantes de psicologia na fase introdutória receberam instruções diferentes para a autoavaliação de testes de imaginação por examinadores do sexo masculino e feminino. O género do examinador não teve influência significativa nos resultados dos testes de imaginação.

Uma vez que os resultados da literatura são contraditórios, não foi feita qualquer tentativa de controlar este aspeto no presente estudo. No entanto, devem ser tidos em conta os possíveis efeitos contaminantes de um investigador do sexo feminino que examina um grupo de sujeitos do sexo feminino.

Em décimo lugar, com uma capacidade mental tão complexa e mal definida como esta, é impraticável confiar numa única abordagem de investigação para estudar a imaginação. A combinação de auto-relatos com medidas de desempenho e fisiológicas proporcionaria um estudo mais completo.

Em décimo primeiro lugar, os resultados não podem ser generalizados a pessoas que não correspondem ao tipo de população desta amostra.

Além disso, Galton (1883) verificou que a capacidade de visualizar imagens aumenta com a idade em ambos os sexos. White, Ashton e Brown (1988) também registaram diferenças de idade na vivacidade das imagens evocadas. No entanto, Huba, Aneshensel e Singer (1981) não encontraram efeitos da idade nos resultados de imagem de partes do IPI. Nesta experiência, a idade dos sujeitos não foi controlada e pode ser um fator limitativo do estudo.

Finalmente, pode não haver diferenças ou correlações nesta experiência. Infelizmente, este estudo não forneceu informações para clarificar em que direção pode estar a relação entre a doença psicossomática e a mentalização, pelo que os seus resultados não apoiam a literatura ou a experiência na prática clínica. No entanto, os resultados podem apoiar a ideia de que o trabalho com casos clínicos é muito importante quando se trabalha com casos individuais, mas que os estudos quantitativos também são importantes para o desenvolvimento de teorias, mesmo que mostrem que não existe qualquer relação onde se suspeitava que existisse.

Conclusão

O objetivo deste estudo foi o de investigar a relação entre a doença psicossomática e a capacidade de visualização. Os resultados não revelaram qualquer correlação entre estas duas variáveis. Este resultado é surpreendente, uma vez que ambas as escolas psicanalíticas de psicossomática - a Escola de Paris e a Abordagem da Vinculação - documentaram consistentemente evidências de casos individuais em que parecia haver uma relação negativa entre estas variáveis; à medida que o nível de mentalização diminuía, o nível de doença psicossomática aumentava. Ambas as escolas desenvolveram teorias que atribuíam a origem da doença psicossomática à mentalização. Ambas as escolas desenvolveram teorias sobre como a mentalização se desenvolve e contribui para o processo de psicossomática e estabeleceram métodos de intervenção afectiva para promover o desenvolvimento da mentalização e o tratamento dos sintomas psicossomáticos. Para além disso, existem provas provenientes de outras profissões da saúde que sugerem que pode existir uma relação positiva entre a doença psicossomática e a capacidade de imaginar.

A principal limitação deste estudo é a pequena dimensão da amostra (N total = 33). Devido à dimensão reduzida da amostra, seria difícil generalizar os resultados a outros grupos populacionais. Sugere-se que o estudo seja repetido com uma amostra muito maior e uma população mais vasta, talvez com um inquérito em linha de grande dimensão (N = 1.000+). Uma amostra de maior dimensão poderia fornecer uma estimativa mais exacta da relação entre a capacidade de visualização e as doenças psicossomáticas. Para além disso

Seria interessante repetir o estudo utilizando toda a avaliação imagiológica e não parte dela, mesmo que a secção escolhida tivesse a sua própria validade razoável.

Referências

Aisenstein, M. (2008). Para além do dualismo da psique e do soma. *Journal of the American Academy of Psychoanalysis and Dynamic Psychiatry, 36*(1), 103123.

Alexander, F. (1950). *Psychosomatic Medicine: Its Principles and Applications*. Nova Iorque: Norton.

Andersen, M. (1963). *Correlatos do desempenho hipnótico: Uma análise histórica e teórica do papel*. Dissertação de doutoramento não publicada, Universidade da Califórnia, Berkeley, 1963.

Angell, J. R. (1910). Métodos de determinação da imaginação mental. *Psychological Monographs, 13*, 61-107.

As, A. (1962). Experiências não hipnóticas em relação à hipnotisabilidade em estudantes universitários do sexo masculino e feminino. *Scandinavian Journal of Psychology, 3*, 112-121.

As, A., O'Hare, W. J., & Munger, M. P. (1962). The measurement of subjective experiences presumed to be related to hypnotic susceptibility. *Scandinavian Journal of Psychology, 3*, 47-64.

Ashton, R., & White, K. (1975). The effects of instructions on subjects' imagery questionnaire scores. *Social Behaviour and Personality, 3*, 41-43.

Ashton, R., & White, K. D. (1980). Diferenças entre os sexos na vivacidade das imagens: An artifact of the test. *British Journal of Psychology*, *71*(1), 35-38.

Ashton, R., White, K., & Brown, C. (1976). *Suscetibilidade da vivacidade das imagens à sugestão*. Manuscrito não publicado Departamento de Psicologia, Universidade de Queensland.

Atkinson, G. A. (1971). *Personalidade e cognição hipnótica*. Dissertação de doutoramento não publicada, Universidade de Minnesota.

Barber, T. X. (1984). A alteração de processos corporais "inalteráveis" por sugestão (hipnótica): Um novo olhar sobre a hipnose, cognições, imagens e questões mente-corpo. *Advances, 1*(2), 7-37.

Barber, T. X. & Glass, L. B. (1962). Factores significativos no comportamento hipnótico. *Journal of Abnormal and Social Psychology, 64*, 222-228.

Barber, T. X., & Wilson, S. C. (1979). Guided imagining and hypnosis: Theoretical and empirical overlaps and convergences in a new scale for creative imagination. Em The potential of fantasy and imagination, A. A. Sheikh & J. T. Shaffer (Eds.), Brandon House, New York, 67-88.

Beech, J. R., & Leslie, J. C. (1978). Observar os efeitos do aumento das exigências de recursos na clareza das imagens visuais. *British Journal of Psychology*, *69*(3), 323-333.

Betts, G. H. (1909). *The distribution and functions of mental imagery.* Nova Iorque: Teachers College, Universidade de Columbia.

Bolelochy, Z. & Horvath, M. (1974). Escala de avaliação SCL-90-R: Initial experience with the Czech version in healthy male research assistants. *Archives of the Nervous System Supplement, 16*, 115-116.

Bourguignon, E. & Evascu, T. (1977). Altered states of consciousness in a general evolutionary perspective: A holocultural analysis (Estados alterados de consciência numa perspetiva evolutiva geral: uma análise holocultural). *Behaviour Science Research, 12*(3), 199-216.

Castenada, C. 1976). *The Teachings of Don Juan: A Yaqui Way of Knowing*. Middlesex: Penguin.

Coe, W. C. (1964). *O valor heurístico da teoria dos papéis e da hipnose.* Dissertação de doutoramento não publicada, Universidade da Califórnia, Berkeley.

Coe, W. C., & Sarbin, T. R. (1966). Uma demonstração experimental da hipnose como cumprimento de papel. *Journal of Abnormal Psychology, 71*, 400-405.

Crowne, D. P., & Marlowe, D. (1964). *The approval motive.* Nova Iorque: J. Wiley and Sons.

Cundiff, G., & Gold, S. R. Daydreaming: A measurable concept. *Percetual and Motor Skills, 49*, 347-353.

Davidson, R. (1980). Consciência e processamento de informação: Uma perspetiva biocognitiva. Em J. Davidson & R. Davidson (Eds.) *The psychobiology of consciousness*. Nova Iorque: Plenum Press.

Decety, J. (1996). As acções imaginadas e realizadas têm o mesmo substrato neural? *Cognitive Brain Research, 3*, 87-93.

Dekman, A. J. (1966). A desautomatização e a experiência mística. *Psychiatry, 29*, 324-38.

Derogatis, L. R. (1977). *SCL-90-R: Manual de procedimentos e pontuação da administração*. Baltimore, Clinical Psychometrics Research.

Derogatis, L. R., & Cleary, P. (1977a). Confirming the dimensional structure of the SCL-90: A construct validation study. *Journal of Clinical Psychology, 33*, 981-989.

Derogatis, L. R. Cleary, P. (1977b). Fatorial invariance between the sexes for the primary symptom dimensions of the SCL-90. *British Journal of Social and Clinical Psychology, 16*, 347-356.

Derogatis, L. R., Lipman, R. S., Rickels, K., Uhlenhuth, E. H., & Covi, L. (1974a). The Hopkins Symptom Checklist (HSCL): Uma medida das dimensões dos sintomas primários. Em P. Pichot (Ed.). *Psychological measurement methods in psychopharmacology.* Basileia: Karger.

Derogatis, L. R., Lipman, R. S., Rickels, K., Uhlenhuth, E. H., & Covi, L.

(1974b). The Hopkins Symptom Checklist (HSCL): Um inventário de sintomas de auto-relato. *Behavioural Sciences, 19*, 1-15.

Derogatis, L. R., Rickels, K., & Rock, A. (1976). O SCL-90 e o MMPI: Um passo para a validação de uma nova escala de auto-relato. *British Journal of Psychiatry, 128*, 280-289.

Diehl, C. F., & England, N. C. (1958). Mental imager. *Journal of Speech and Hearing Research, 1*, 268-274

Doob. (1982). *Journal of Mental Imagery, 6*(1), 44-46.

Durndell, A. J., & Wetherick, N. E. (1975). Reported imagination and social desirability. *Percetual and Motor Skills, 41*, 987-992.

Edwards, D. W., Yarvis, R. M., Mueller, D. P., Wagmena, W. J., & Zingale, H. C.

(1978). Test performance and the stability of adjustment scales. *Evaluation Quarterly, 2*, 275-291.

Freud, S. (1915). Os instintos e as suas vicissitudes. *Edição Standard, 14*, 111-140.

Galton, F. (1907/1883). *Enquiries into the human faculty and its development*. Londres: MacMillan Co.

Giambra, L. M. (1977). Male daydreaming in adulthood across the lifespan: A replication, further analyses, and preliminary norms based on retrospective reports.

International Journal of Aging and Human Development, 8, 197-228.

Giambra, L. M. (1978). Gender differences in daydreaming and related mental activities from the late teens to the early nineties. *International Journal of Aging and Human Development, 8,* 197-228.

Gold, N. G., & Gold, S. R. (1982). Diferenças entre os sexos no conteúdo atual dos sonhos diurnos. *Journal of Mental Imagery, 6,* 109-112.

Green, A. (2010). Reflexões sobre a Escola de Psicossomática de Paris. Em M. Aisenstein & E. R. Aisemberg, (Eds.). *Psicossomática hoje: Uma perspetiva psicanalítica,* (pp. 1-16). Londres: Karnac.

Griffies, W. S. (2010). A crença na capacidade do paciente de conhecer sua mente: Um estudo de caso psicanalítico de fibromialgia. *Psychoanalytic Inquirer, 30*, 390404.

Gubb, K. (2013). Psicossomática hoje: Uma visão geral da teoria e prática contemporâneas. *Psychoanalytic Journal, 100*(1), 103-141.

Guy, M. E., & MC CARTER, R. E. (1978). A scale for measuring emotive imagery. *Percetual and Motor Skills*, *46*(3c), 1267-1274.

Herman, J. (1997). *Trauma e recuperação. The aftermath of violence - from domestic abuse to political terror.* Nova Iorque: Basic Books.

Heyman, S. R. (novembro, 1980). *Sexual Imagery: Relationship to gender, personality patterns, sexual behaviour and psychotherapeutic application (Imagens sexuais: relação com o género, padrões de personalidade, comportamento sexual e aplicação psicoterapêutica*). Trabalho apresentado na Quarta Conferência Americana sobre o Processo de Fantasia e Imaginação, São Francisco.

Hilgard, J. R. (1970). *Personality and hypnosis: A study of imaginative involvement (Personalidade e hipnose: um estudo do envolvimento imaginativo).* University of Chicago Press: Chicago.

Hilgard, J. R. (1979). Envolvimento imaginativo e sensório-afetivo na vida quotidiana e na hipnose. Em *Hypnosis: Developments in research and new perspectives*, (Segunda Edição). E. Fromm & R. E. Shor (Eds.), Aldine Publishing Company: Hawthorne, New York, pp. 483-517.

Hiscock, M. (1978). Assessment of imagery by self-report: What do questionnaires measure about imagination? *Journal of Consulting and Clinical Psychology*, *46*(2), 223.

Hiscock, M., & Cohen, D. B. (1973). Visual imagery and dream recall. *Journal of Research in Personality*, *7*(2), 179-188.

Honorton, C. (1975). Psi e imagens mentais: Mantendo a pontuação na escala de Betts. *The Journal of the American Society for Psychical Research, 69*, 327-332.

Huba, G. J., Aneshensel, C. S., & Singer, J. L. (1981). Development of scales for three second-order factors of inner experience (Desenvolvimento de escalas para três factores de segunda ordem da experiência interior). *Multivariate Behavioural Research, 16*, 181-206.

Huba, G. J., Segal, B., & Singer, J. L. Consistency of daydreaming styles across sample, of college male and female drug and alcohol users. *Journal of Abnormal Psychology, 86*, 99-102.

Jackson, P. L., Lafleur, M. F., Malouin, F., Richards, C., & Doyon, J. (2001). Potencial papel da prática mental com imagens motoras na reabilitação neurológica. *Archives of Physical Medicine and Rehabilitation, 82* (8), 11331141.

Krystal, H. (1997). Desomatização e as consequências do trauma infantil. *Psychoanalytic Inquiry, 17*, 126-150.

Kunzendorf, R. G. (1987). A autoconsciência como monitor de estados cognitivos: Uma perspetiva teórica. *Imaginação, Cognição e Personalidade*, *7*(1), 3-22.

Kunzendorf, R. G. (1980). Imagination and consciousness: A scientific analysis of the mind-body problem (Dissertação de doutoramento, Universidade da Virgínia, 1979). *Dissertation Abstracts International*, *40*, 3448B-3449B.

Lane, B. A. (1977). A ligação LD-JD: Será que ainda existem problemas? Trabalho apresentado na Reunião Anual de 1977 da Associação Sociológica de Illinois, Charleston, III.

Ley, R. G. (1983). Lateralidade cerebral e imagética. Em *Imagery current theory, research, and application*. Sheikh, A. Anees (Eds.). John Wiley and Sons, Inc: Nova Iorque.

Lee-Teng, E. (1965). Trance susceptibility, induction susceptibility and acquiescence as factors in hypnotic performance [Suscetibilidade ao transe, suscetibilidade à indução e aquiescência como factores no desempenho hipnótico]. *Journal of Abnormal Psychology, 70,* 383-389.

Marsella, A. J., & Higgenbottham, H. N. (1973). *Sensory types: Para um modelo interaccionista do comportamento humano*. Departamento de Psicologia, Universidade do Havai, Laboratório de Etnopsicologia - Documento n.º 1.

Marsella, A. J., & Quijano, W. Y. (1974). A comparison of vividness of mental imagery across different sensory modalities in Filipinos and Caucasian Americans. *Journal of Cross-Cultural Psychology, 5,* 451-464.

Marty, P. (1968). Um processo importante de somatização: A desorganização progressiva. *Revista Internacional de Psicanálise,*

49, 246-249.

Marty, P., & De M'Urzan, M. (1994). Mentalização e pensamento ligado à ação. *Revue francaise de psychosomatique, 6*, 179-207.

McKelvie, S. J., & Demers, E. G. (1979). Individual differences in reported visual imagery and memory performance. *British Journal of Psychology, 70*(1), 5157.

McLemore, C. W. (1976). A validade fatorial das medidas de imagética. *Behaviour Research and Therapy, 14*(6), 399-408.

Morris, P. E., & Glae, A. (1974). Um estudo correlacional de variáveis relacionadas com a imaginação. *Percetual and Motor Skills, 38*, 659-665.

Orne, M. T. (1962). On the social psychology of psychological experimentation. *American Psychologist, 17*, 776-783.

Page, S. J., Levine, P., Sisto, S. A., & Jones, D. (2001). Reeducação mental combinada com reeducação física para défices motores do membro superior em acidente vascular cerebral subagudo. *Physica Therapy, 8* (8), 1455-1462.

Palmer, J., & Lieberman, R. (1975). The influence of psychological attitude on ESP and out-of-body experiences. *The Journal of the American Society of Social Research, 69*, 193-213.

Palmer, J., & Vassar, C. (1974). ESP e experiências fora do corpo: Um estudo exploratório. *The Journal of the American Society for Psychical Research, 68*, 257280.

Perry, C. (1973). Imagination, fantasy, and hypnotic susceptibility: A multidimensional approach (Imaginação, fantasia e suscetibilidade hipnótica: uma abordagem multidimensional). *Journal of Personality and Social Psychology, 26*, 217-221.

Pope, K. S., & Singer, J. L. (1980). The waking stream of consciousness. Em J. Davidson & R. Davidson (Eds.). The psychobiology of consciousness. Nova Iorque: Plenum.

Przybyla, D. P. J., & Byrne, D. (abril, 1981). *The role of incompatible responses in the experience of cognitive sexual arousal (O papel das respostas incompatíveis na experiência de excitação sexual cognitiva*). Trabalho apresentado na reunião da Eastern Psychological Association, NY.

Reing, A. B. (1978). Imaginal Behavioural Analysis: a Multisensory Imagery Scale for Evaluation of a Specific Teacher Competency. *The Journal of Special Education, 12*(2), 153-170.

Richardson, J. L. (1979). O potencial do quark pesado e os sistemas Υ, J/ψ. *Physics Letters B, 82*(2), 272-274.

Richardson, A. (1969). *Mental Imagery*. Londres: Routledge e Kegal Paul.

Roe, A. (1951). A study of imagery in research scientists. *Journal of*

Personality, 19, 450-470.

Rosenthal, R. (1966). *Experimental effects in behavioural research*. Nova Iorque: Appleton.

Sarbin, T. R., & Lim, D. T. (1963). Algumas evidências em apoio à hipótese da tomada de papéis em hipnose. *Jornal Internacional de Hipnose Clínica e Experimental, 11*, 98-103.

Schmeidler, G. R. (1965). Visual imagery in correlation with a measure of creativity (Imagens visuais em correlação com uma medida de criatividade). *Journal of Counselling Psychology, 29*(1), 78.

Sechaud, E. (2010). As vicissitudes particulares da pulsão diante do luto: sublimação e somatização. In M. Aisenstein & E. R. Aisemberg, (Eds.), Psychosomatics today: A psychoanalytic perspective (pp.131-144. London: Karnac.

Seigel, B. (1986). *Love, medicine, and miracles: Lessons on self-healing from a surgeon's experience with extraordinary patients (Amor, medicina e milagres: Lições sobre auto-cura a partir da experiência de um cirurgião com pacientes extraordinários*). Minneapolis, MN: Quill House Publishing.

Sheehan, P. W. (1967). Fiabilidade de um teste curto de imagética. *Percetual and Motor Skills, 25*(3), 744-744.

Sheehan, P. W., & Neisser, U. (1969). Some variables affecting the vividness of imagery in recall. *British Journal of Psychology, 60*, 71-80.

Sheikh, A. A. (ed.). (1983b). *Imagination and healing (Imaginação e cura)*. Nova Iorque: Baywood.

Shor, R. E., Orne, M. T., & O'Connell, D. N. (1962). Validação e validação cruzada de uma escala de experiência pessoal auto-relatada que prevê a hipnotisabilidade. *Journal of Psychology, 53*, 55-75.

Shor, R. E., Orne, M. T., & O'Connell, D. N. (1966). Psychological correlates of plateau hypnotisability in a special group of subjects. *Journal of Personality and Social Psychology, 3*, 80-95.

Singer, J. L., & Antrobus, J. S. Daydreaming, imaginal processes, and personality: A

estudo normativo. Em P. W. Sheehan (Ed.). *The function and nature of figurative language*.

Nova Iorque: Academic Press.

Smadja, C. (2010). O lugar do afeto na economia psicossomática. In M. Aisenstein & E. R. Aisemberg, (Eds.), Psychosomatics today: A psychoanalytic perspective (pp. 145-161). Londres: Karnca.

Smadja, C. (2011). Psicossomática psicanalítica. *Revista Internacional de Psicanálise, 92*, 221-230.

Spanos, N. P., & McPeake, J. D. (1975a). The effects of involvement in everyday imaginative activities and attitudes toward hypnosis on hypnotic susceptibility. *Journal of Personality and Social Psychology, 31*, 594-598.

Spanos, N. P., & McPeake, J. D. (1975b). A interação das atitudes em relação à hipnose e o envolvimento em actividades imaginativas quotidianas na suscetibilidade hipnótica. *American Journal of Clinical Hypnosis, 17*, 247-252.

Spanos, . P., Valois, R., Ham, M. W., & Ham, M. L. (1973). Suggestibilidade, vivacidade e controlo da imaginação. *International Journal of Clinical and Experimental Hypnosis, 21*, 305-311.

Streissguth, A. P., Wager, A. A., & Wechsler, J. C. (1969). Effects of gender, illness, and hospitalisation on daydreaming. *Journal of Consulting and Clinical Psychology, 33*, 218-225.

Sutcliffe, J. P. (1958). *Hypnotic behaviour: Fantasia ou simulação*? Dissertação não publicada, Universidade de Sydney, Austrália.

Sutcliffe, J. P., Perry, C. W., & Sheehan, P. W. (1970). A relação entre alguns aspectos da imaginação e da fantasia e a hipnotisabilidade. *Journal of Abnormal Psychology, 76,* 279-287.

Tellegen, A., & Atkinson, G. (1974). Openness to absorbing and self-altering experiences (absorption), a trait related to hypnotic susceptibility. *Journal of Abnormal Psychology, 83*, 268-277.

Wagman, M. (1967). Sex differences in types of daydreaming (Diferenças de sexo nos tipos de devaneio). *Journal of Personality and Social Psychology, 7*, 329-332.

Ward, C. (1985). Metodologia científica e abordagens experimentais ao estudo da imagética mental. *Journal of Mental Imagery, 9*(2), 113-126.

Weissman, M. M., Sholomskas, D., Pottenger, M., Prusoff, B. A., & Locke, B. Z. (1977). Avaliação de sintomas depressivos em cinco populações psiquiátricas: Um estudo de validação. *American Journal of Epidemiology, 106*, 203-214.

White, K. D., Ashton, R., & Brown, R. M. D. (1977). A medição da vivacidade das imagens: Dados normativos e sua relação com diferenças de sexo, idade e modalidade. *British Journal of Psychology*, *68*(2), 203-211.

White, K., Ashton, R., & Law, H. (1974). Fator analyses of the abbreviated form of the Betts mental imagery questionnaire. *Australian Journal of Psychology*, *26*(3), 183-190.

White, K., Sheehan, P. W., & Ashton, R. (1977). Imagery Assessment: A survey of self-report measures. *Journal of Mental Imagery, 1*, 145-170.

Wober, M. (1965). Sensotypes. *The Journal of Social Psychology, 10,* 181-189.

Woodworth, R. S. (1910). Mental Imagery (Revisão da distribuição e funções das imagens mentais por G. H. Betts). *Psychological Bulletin, 7*, 351-352.

Quadro 1

Diferenças específicas de género na capacidade de apresentação, medida pelo
Relatório

Author	Subjects	Measure	Results
Ashton & White (1980)	Undergraduate Students	QMI	No significant differences
Beech & Leslie (1978)	Undergraduate Students	QMI	No significant differences
Galton (1883)	None stated	Questionnaire	Females had a stronger ability to image than males
Guy & McCarter (1978)	Administrators & Undergraduate Students	QMI & Guy Emotive Imagery Scale	No significant differences
Hiscock & Cohen (1973)	Undergraduate & Graduate Students	QMI & Gordon	No significant differences
Lane (1977)	Undergraduate Students	Author's assessment	No significant differences
Michael (1966)	None stated	Non-verbal Imagery Assessment	More vivid imagery was noted in females versus males
Reing (1978)	Student Teachers	MIS	No significant differences
Schmeidler (1965)	Undergraduate & Graduate	Adapted assessment from	Females had more vivid

	Students	Galton's	imagery than males
Sheehan (1967)	Undergraduate & Graduate Students	QMI	Females had more vivid imagery than males
White, Ashton, & Brown (1977)	Undergraduate & Graduate Students	QMI	Females and older participants had more vivid imagery than males and younger participants
White, Ashton, & Law (1974)	Undergraduate & Graduate Students	QMI	No significant differences

Quadro 2

Auto-relato sobre a medição da visualização: resultados de desempenho e desejabilidade social

Author	Subjects	Measures	Results
Hiscock (1978)	Undergraduate & Graduate Students	Crowne & Marlowe's Social Desirability Scale; QMI; IDQ; Gordon's Test of Imagery Control	No significant correlations between any test and social desirability
McKelvie & Demers (1979)	Undergraduate & High School Students	VVIQ & Instructions	Subjects' responses were significantly affected by test instructions but not test format
McLemore (1976)	Undergraduate & Graduate Students	QMI & Gordon's assessments were used to study response bias, imagery, and social desirability	Gordon's assessment & the QMI were both affected by social desirability but not by response bias
Richardson (1979)	Undergraduate & Graduate Students	Crowne & Marlowe's Social Desirability Scale & VVIQ	Significant positive relationship between VVIQ scores and social desirability

Índice

MIX
Papier aus verantwortungsvollen Quellen
Paper from responsible sources
FSC® C105338

Printed by Books on Demand GmbH, Norderstedt / Germany